D'APRÈS LE FILM

Disney · PIXAR

LUCA

MON HISTOIRE du soir

CW01656719

L'histoire du film

Tout le monde à Portorosso a entendu parler des monstres marins qui vivent dans les profondeurs. Une nuit, deux pêcheurs aperçoivent l'une de ces créatures ! Terrifiés, ils font basculer leurs affaires par-dessus bord.

Le lendemain, Luca, un jeune monstre marin qui rêve d'explorer la surface, découvre les objets tombés du bateau. Soudain, un scaphandrier le fait sursauter.

– Je ne suis pas un humain ! le rassure son propriétaire. Je m'appelle Alberto.

Entraîné sur la terre ferme par Alberto,
Luca se transforme en garçon ! Il apprend
à marcher grâce aux conseils de son nouvel ami.
Puis, Alberto conduit Luca dans sa cachette
et lui explique qu'il rêve d'avoir une Vespa™.

Les deux amis décident alors de construire
leur propre scooter. Un jour, leur Vespa™
est enfin prête. Alberto et Luca grimpent dessus
pour dévaler la pente. Ils s'envolent dans les airs…
et plongent dans l'eau en riant !

Mais, un soir, les parents de Luca lui interdisent de retourner à la surface. Le lendemain, Luca file en cachette chez son ami, persuadé que le monde terrestre n'est pas si dangereux.

– Allons à Portorosso, dit Alberto. L'endroit est rempli de Vespa™ !

Au village, un garçon nommé Ercole
se moque de Luca.
– Laisse-le tranquille ! le défend une jeune fille.
En parlant avec Giulia, Luca et Alberto apprennent
qu'elle s'entraîne pour la Portorosso Cup.
Eux aussi veulent s'inscrire à la course
pour acheter une Vespa™ avec la récompense.

Le trio décide alors de faire équipe ! La compétition se compose de trois épreuves, et chacun des amis se chargera de l'une d'entre elles. Giulia s'occupera de la natation, Alberto de la course de dégustation de pâtes et Luca du vélo.

La jeune fille commence sans attendre à entraîner ses deux amis. Au fil des jours, Alberto manie de mieux en mieux sa fourchette. Quant à Luca, il progresse beaucoup à vélo et est de plus en plus complice avec Giulia.

Mais Alberto est jaloux, et les deux garçons
commencent à se battre en parlant
des monstres marins.
– Les monstres marins ? s'étonne Giulia.
C'est alors qu'Alberto tombe dans l'eau
et se transforme sous ses yeux.

Pour garder son secret, Luca fait semblant d'être surpris et se met à hurler au monstre marin ! Attiré par le bruit, Ercole arrive en courant, son harpon à la main. Alberto s'éloigne dans la mer, sous le regard attristé de son ami.

Peu après, Giulia découvre que Luca est lui aussi un monstre marin. Elle le pousse à quitter le village pour sa sécurité. Mais Luca a un autre plan : il rejoint d'abord Alberto dans sa cachette afin de s'excuser.

– Je vais gagner la course, lui promet-il. La Vespa™ sera bientôt à nous !

C'est le jour de la compétition ! Sur son vélo, Luca prend la tête du peloton. Lorsque la pluie se met à tomber, Alberto apparaît avec un parapluie. Mais Ercole le bouscule. Trempé, Alberto se change en monstre devant tout le monde. Il est capturé par un filet !

Sans hésiter, Luca fonce sous la pluie
pour délivrer Alberto, et il se transforme à son tour.
– Attrapez-les ! Ce sont des monstres !
hurle Ercole.
– Non. Ce sont Luca et Alberto, les vainqueurs
de la course ! proclame le père de Giulia.

Finalement, les parents de Luca acceptent
que leur fils reste avec les humains.
Et Alberto achète un billet de train avec l'argent
de la course pour que Luca puisse aller
à l'école. Les deux garçons vont être séparés,
mais leur amitié les unira toujours !

Près de 100 histoires
pour s'endormir en douceur.

Directeur : Antoine Béon ; Responsable éditoriale : Adélaïde Lebuy ; Responsable artistique : Pauline Ortlieb ; Édition : Naïma Timzouert ;
Fabrication : Marine Wiplier ; Adaptation : Claire Bertholet ; Mise en page : Ying Xu ; Relecture : Catherine Rigal.

Édité par Hachette Livre – 58, rue Jean-Bleuzen – 92178 Vanves Cedex
Imprimé par Macrolibros en Espagne – Achevé d'imprimer : octobre 2021
ISBN : 978-2-01-713779-5 - Édition : 01 - Dépôt légal : octobre 2021
Loi n°49-956 du 16 juillet 1949 sur les publications destinées à la jeunesse.

Pour tout renseignement concernant nos parutions, nous contacter par e-mail : disney@hachette-livre.fr

Pour l'éditeur, le principe est d'utiliser des papiers composés de fibres naturelles, renouvelables, recyclables et fabriquées à partir de bois issus de forêts qui adoptent un système d'aménagement durable. En outre, l'éditeur attend de ses fournisseurs de papier qu'ils s'inscrivent dans une démarche de certification environnementale reconnue.